Malédiction sur la cathédrale

Fabian Lenk est né en 1963 à Salzgitter en Basse-Saxe (Allemagne). Ce passionné de musique, de jeux de table et de football a suivi des études de journalisme et de sciences politiques à Munich. Il a écrit six romans policiers pour adultes, et publie surtout des romans pour la jeunesse. Fabian Lenk vit avec sa famille dans le nord de l'Allemagne.

Michaela Sangl est née en 1969. Cette Néo-Zélandaise a financé ses études d'architecture en faisant une carrière de chanteuse. Elle a vécu à Vienne, à Rome et à Berlin. Elle passe désormais le plus clair de son temps en Allemagne. Quand elle ne dessine pas, elle chante et compose sous son nom d'artiste, Twin.

Titre de l'édition originale :
Tatort Geschichte – Fluch über dem Dom
© 2004 Loewe Verlag GmbH, Bindlach
Responsable éditoriale :
Anne-Sophie Dreyfus
Direction artistique, création graphique
et réalisation : Cédric Ramadier
© Hatier, 2017, Paris
ISBN : 978-2-401-02785-5
ISSN : 2100-2843

Malédiction
sur la cathédrale

écrit par Fabian Lenk
traduit en français par Sabine Boccador
illustré par Michaela Sangl

1
Les pierres sanglantes

Le bras de la grue grinçait sous le poids du volumineux bloc de pierre. Il se souleva lentement du sol en oscillant vers la claire-voie, au-dessus de la nef.

– Tenez bon! hurla Bernard, le contremaître, qui s'adressait aux ouvriers.

Dégoulinant de sueur, les hommes faisaient tourner le tambour de la grue. L'énorme pierre s'élevait peu à peu, au rythme des consignes de Bernard.

– Stop! Et maintenant vers la gauche! résonna la voix du maçon, du haut de l'échafaudage, à près de quarante mètres au-dessus du sol.

Des mains puissantes attrapèrent la pierre de taille, retirèrent la griffe, et insérèrent le bloc avec précision dans le mur.

– Au suivant! ordonna Bernard. Dépêchez-vous, la nuit va tomber!

Sans mot dire, les ouvriers, qui travaillaient depuis le lever du jour, obéissaient aux ordres. C'est alors que deux enfants se dirigèrent vers le contremaître.

Jean, un garçon de quatorze ans aux cheveux dorés et au nez retroussé était accompagné de sa sœur Clara, de trois ans sa cadette. Elle portait un panier.

– Sais-tu où est Papa? demanda le garçon à Bernard.

Le contremaître ne quittait pas la grue des yeux.

– Je n'en sais rien. Il a dû s'absenter un moment, mais j'ignore où il est allé.

Surprise, Clara se tourna vers son frère :

– C'est bizarre. Papa ne s'éloigne jamais du chantier pendant les heures de travail.

Jean était étonné lui aussi. Arnaud, son père, un tailleur de pierre qualifié, était à la fois architecte et maître d'œuvre. Il surveillait les artisans, dessinait les plans de la cathédrale, commandait les matériaux à la carrière de pierre et créait des modèles d'outils. Il était occupé du matin au soir.

Clara s'assit sur un bloc de pierre près de la baraque de chantier.

– Attendons-le ici. Il ne va pas tarder.

Jean s'installa à côté de sa sœur. Il se passionnait pour le travail des artisans. Monteurs d'échafaudage, charpentiers, couvreurs, forgerons, tailleurs de pierre, tous œuvraient à la construction de l'imposante cathédrale qui semblait s'élancer vers le ciel. Jean rêvait de devenir architecte de cathédrale. Il était fier de son père, qui dirigeait le gigantesque chantier.

La cathédrale de Cologne n'était pas une église comme les autres : elle devait abriter la somptueuse châsse renfermant les reliques des Rois mages. Ces reliques se trouvaient déjà à Cologne depuis plus de cent ans et elles attiraient chaque année des milliers de pèlerins.

Jean attendait impatiemment le jour où il quitterait l'école pour pouvoir se consacrer à son apprentissage de tailleur de pierre. Son père lui transmettrait alors les secrets de l'architecture.

– Cesse de rêvasser, je lis dans tes pensées, gloussa Clara.

Jean fusilla sa sœur du regard. Une fois de plus, elle l'avait pris sur le fait.

– Où Papa peut-il bien être? Nous lui avons apporté plein de bonnes choses, s'inquiéta Clara.

Jean hocha la tête. Il était tenaillé par la faim et leur panier contenait du pain frais et un délicieux fromage.

– Pas question, dit Clara durement. C'est le repas de Papa!

Clara dérangeait Jean par ses réparties et surtout par sa capacité à deviner ses pensées. Elle lisait en lui comme dans un livre ouvert.

– Je sais, bougonna-t-il. Nous sommes venus pour ça.

– Tu as raison. Maman s'inquiète parce que Papa mange trop peu. Sûrement qu'elle...

Un cri provenant de la claire-voie les fit sursauter. Les enfants coururent jusqu'à l'échafaudage qui se trouvait à l'intérieur de la cathédrale.

En levant les yeux, ils aperçurent Martin, l'un des maçons, qui se tenait tout en haut.

– C'est le diable, bredouilla-t-il. C'est l'œuvre du diable!

Le contremaître et plusieurs tailleurs de pierre accoururent. Ils poussèrent les enfants sur le côté.

– Que se passe-t-il?

– Il y a du sang partout, ici! hurla le maçon en se signant. Voyez vous-même!

Bernard grimpa sur l'échafaudage, les artisans sur les talons. Jean et Clara les suivirent.

– Reste en bas, c'est trop dangereux, ordonna Jean à sa sœur.

– Non, j'y suis presque, protesta Clara.

Là-haut, Martin, le visage blême, montrait le mur. Les enfants frémirent en voyant le liquide rouge perler. À côté, en grosses lettres de sang, était écrit le mot «Satan». Juste en dessous, une empreinte de main droite était visible.

– Les pierres saignent, murmura le maçon, les yeux écarquillés. Satan est parmi nous!

– Ne dis pas de sottises, s'indigna le contremaître, qui n'avait pas l'air plus rassuré. Quelqu'un nous aura fait une plaisanterie de mauvais goût.

   – Je ne suis pas de cet avis, chuchota Martin. Je n'ai vu personne ici. Nous avons travaillé en face...

   Clara donna un coup de coude à son frère et attira son attention sur un seau de mortier à ses pieds. Près du seau se trouvait un compas. Ce n'était pas un simple compas de tailleur de pierre, cet outil était en argent. Jean le reconnut : c'était le compas de son père! Comment pouvait-il se trouver ici? Instinctivement, il s'avança et posa son pied sur l'outil. Puis il se pencha discrètement, comme s'il voulait attacher la boucle de sa sandale, et fit disparaître le compas dans la manche de sa chemise.

Le cœur battant, il regarda autour de lui. Personne ne semblait l'avoir vu. Clara lui lança un regard complice.

Plusieurs hommes avaient grimpé sur l'échafaudage qui oscillait dangereusement. Chacun avait son mot à dire. On se laissait aller à toutes sortes de suppositions, le nom du diable revenait sans cesse. L'un des hommes se mit à dire un Notre Père. Les autres murmuraient. Soudain, la voix perçante de Martin retentit :

– Je ne travaillerai pas plus longtemps ici! Ce chantier est maudit!

Les ouvriers effrayés lui donnèrent raison. Bernard était inquiet, car la panique gagnait ses hommes un par un. Martin se tordit les mains.

– Notre Seigneur nous a abandonnés. Nous sommes perdus!

Furieux, le contremaître le saisit au collet en le secouant :

– Du calme! Tu vas provoquer une émeute!

Martin lui lança un regard noir et se tut.

– Descendez tous de l'échafaudage avant qu'il s'écroule! ordonna Bernard.

Les artisans obéirent à contrecœur. En bas, une foule de badauds s'était rassemblée.

– Il serait temps que Papa revienne! chuchota Jean à sa sœur.

– Il est arrivé, claironna Clara en montrant la baraque de chantier qui se trouvait de l'autre côté.

Arnaud, un petit homme mince au nez pointu, accourut vers eux.

– Pourquoi tout ce vacarme? demanda-t-il, hors d'haleine.

En quelques mots, le contremaître lui raconta ce qui s'était passé. Mais la tension montait toujours. Non sans mal le maître d'œuvre parvint à faire revenir le calme.

– Retournez au travail, ordonna-t-il sur un ton qui n'admettait aucune réplique.

Peu à peu, le groupe se dispersa. Chacun repartit de son côté, sauf le contremaître. Jean le regretta, car il aurait préféré être seul avec son père. Il voulait lui demander comment son compas s'était retrouvé sur l'échafaudage.

– Mes petits biscuits, qui veut goûter à mes petits biscuits ? s'écria une voix derrière eux.

Les enfants se retournèrent. Brice, le marchand ambulant, venait à leur rencontre. C'était un homme de grande taille, bossu et bedonnant. Jean et Clara aimaient bien ce bonhomme charmant vêtu de haillons qui se promenait avec son plateau. Le pauvre Brice n'avait pas la vie facile.

On se moquait souvent de lui à cause de sa bosse, on disait que Dieu avait dû le punir pour ses péchés. Pourtant, le gentil géant était incapable de faire du mal à une mouche.

– Venez goûter à mes biscuits tout droit sortis du...

– Non, merci, l'interrompit Arnaud. Ce n'est pas le moment !

Le marchand tendit un biscuit aux enfants et poursuivit son chemin, laissant Arnaud et son contremaître débattre des mesures à prendre.

Clara tira Jean sur le côté :

– Crois-tu vraiment que le diable est mêlé à tout ça ?

– Non. Je crois plutôt que quelqu'un a fait une mauvaise blague.

– Mais comment se fait-il que les pierres dégoulinent de sang ? Allons voir de l'autre côté du mur. Il y a un échafaudage là aussi.

– Bonne idée, mais j'y vais seul, dit Jean. Toi, tu restes ici.

– Pas question !

Jean soupira. Pourquoi sa sœur était-elle si têtue ?

Plongé dans sa discussion, Arnaud ne vit pas les enfants s'esquiver.

Jean et Clara grimpèrent prestement sur l'écha-faudage, sans croiser personne. Une fois arrivés en haut, ils gagnèrent l'autre côté de la claire-voie.

– Oh, non! s'exclama Clara.

Elle avait failli marcher dans une flaque de sang. Elle leva les yeux, mais ne remarqua rien de particu-lier sur le mur.

Tout à coup, Jean se mit à frissonner. Le maçon aurait-il vu juste? Le diable serait-il encore ici? Il ferma les yeux. «Non», se dit-il. Ses parents l'avaient élevé dans la foi en Dieu et n'avaient jamais donné prise aux superstitions. Quelqu'un était impliqué, mais ce n'était pas Satan. Il leva les yeux. Le cou-pable aurait pu verser le sang depuis le sommet du mur. Il aurait coulé de l'autre côté, donnant l'impres-sion que les pierres se mettaient à saigner.

– L'homme aurait ensuite décampé et attendu que quelqu'un découvre son œuvre digne de la main du diable, conclut-il. Dommage que nous ne puissions pas le prouver.

Clara secoua la tête.

– Nous n'avons pas de preuve, mais nous avons une empreinte, déclara-t-elle.

À quelle empreinte Clara fait-elle allusion ?

2
Des empreintes révélatrices

– Bien joué! s'exclama Jean. Une chose est sûre : c'est bien une empreinte d'homme et non celle du diable. Mais je me demande pourquoi quelqu'un a agi ainsi. Ça n'a pas de sens.

– Peut-être que si, rétorqua Clara. Nous n'avons pas encore suffisamment d'éléments pour comprendre ce qui s'est passé. Il faudrait déjà savoir comment le compas de Papa s'est retrouvé ici.

Jean se gratta la tête.

– Nous finirons bien par le découvrir. L'essentiel, c'est que nous l'ayons trouvé nous-mêmes.

– Oui, approuva Clara. Ils auraient tous fini par soupçonner Papa!

Elle se pencha vers la trace de pas sanglante.

– Nous devrions suivre les empreintes de pas pour voir où elles mènent, suggéra-t-elle en descendant de l'échafaudage.

– Reste ici! exigea son frère. Papa m'a demandé de veiller sur toi. Cette affaire n'est pas sans risque!

Mais Clara lui rit au nez :

– Qu'est-ce qui te prend ? Aurais-tu peur maintenant ?

Jean grinça des dents. La peur n'était pas le mot juste, mais tout cela lui paraissait étrange. Certes, ils n'avaient pas affaire au diable, mais à qui d'autre ? Qui était assez fou pour jouer à un jeu aussi machiavélique ? Et puis, pourquoi ne pas suivre les traces de pas ? Que pourrait-il leur arriver de grave ? Ils pourraient même parvenir à attraper le coupable...

– Te décideras-tu à venir enfin ? lança Clara en dévalant l'échelle.

Jean s'empressa de la suivre. La prudence n'était plus de mise.

En bas de l'échafaudage, les empreintes de pas menaient vers l'arrière du chantier et s'arrêtaient devant le mur du terrain mitoyen. Après avoir regardé partout, Jean trouva une ouverture étroite faite dans le mur.

– L'individu est certainement passé par là, supposa-t-il.

– Si c'est le cas, l'homme est mince, conclut Clara en se glissant à travers l'ouverture.

Ils se retrouvèrent dans une cour intérieure dont ils inspectèrent le sol. Soudain, ils aperçurent une nouvelle tache sombre sur les pierres. Les traces de pas se poursuivaient! Les enfants traversèrent la cour, passèrent sous une arcade et arrivèrent dans une ruelle sombre de la vieille ville.

Des maisons simples à colombages étaient alignées, certaines en partie délabrées. Les étages supérieurs qui étaient en avancée offraient plus d'espace habitable, mais laissaient à peine filtrer la lumière du soleil dans la ruelle. Des odeurs de poisson provenaient d'une auberge. Les enfants examinèrent de nouveau le sol. Les traces de sang, telles un collier de perles, menaient vers une maison délabrée.

– Notre homme vit ici, tu crois ? demanda Clara.

Jean s'abstint de répondre et se contenta d'inspecter la bâtisse. La porte était affaissée sur ses gonds et les fenêtres étaient comme des trous sombres. La maison semblait abandonnée, il n'y avait pas la moindre lueur. Mais les empreintes de pas s'arrêtaient bien là, pas de doute possible... Le garçon regarda par-dessus son épaule. La ruelle était déserte. Il prit sa sœur par la main, se dirigea vers la maison et ouvrit la porte d'un air décidé. Les enfants pénétrèrent dans une pièce sombre à plafond bas. Ils réussirent à distinguer une table, une chaise renversée, un coffre, une cheminée et un billot sur lequel traînait quelque chose.

– Qu'est-ce que c'est? chuchota Clara, blottie contre son frère.

Jean s'approcha du billot : deux poules étaient décapitées. Visiblement, les volailles venaient d'être abattues. Sur la chaise, près du billot, un sac de cuir était suspendu et du sang gouttait.

– Notre homme a dû abattre les poules, remplir le sac de sang et le verser au sommet du mur surplombant la claire-voie, constata Jean. Dommage pour lui, le sac est percé. Ses empreintes de pas l'ont trahi. Allons chercher Papa.

Un quart d'heure plus tard, ils reprenaient le chemin de la maison délabrée, accompagnés d'Arnaud, de Bernard et d'une vingtaine d'artisans. Le corpulent Brice s'était joint à eux, son plateau sur le ventre. Jean les guida dans la maison. Il avait pris soin d'emporter la lanterne. Pour leur montrer le billot de bois, il la souleva au-dessus de sa tête.

– Regardez, voici les…

Il s'interrompit au milieu de sa phrase. Les poules et le sac s'étaient volatilisés!

– Que vouliez-vous nous montrer ? s'irrita Arnaud.

– Il n'y a plus rien. Tout a disparu, bredouilla le garçon en jetant un regard de détresse à sa sœur.

– Les affaires étaient encore là tout à l'heure, Papa, dit Clara qui volait au secours de son frère. Je le jure !

– Et elles ont disparu comme par enchantement ? demanda le contremaître, incrédule.

Jean pensa aux empreintes de pas sanglantes. Étaient-elles encore visibles ? Il retourna dans la ruelle pour s'en assurer. Mais les traces pâlies avaient été piétinées, elles n'étaient plus reconnaissables. Il aurait dû s'en douter.

L'air menaçant, le contremaître se dressa devant les enfants.

– Bravo ! Vous nous avez bien fait perdre notre temps ! Tout ça pour vous faire remarquer !

Jean et Clara étaient honteux.

– C'était bien le diable ! hurla Martin, le maçon, d'une voix tremblante. Je vous l'ai dit : le chantier est maudit !

Une peur panique s'était emparée de Martin, que le maître d'œuvre tentait vainement de ramener à la raison.

– Vous avez vu les pierres sanglantes. Ce ne peut être l'œuvre d'un homme. Ces enfants prétendent que quelqu'un nous a joué un mauvais tour, poursuivit le maçon, l'index levé. Mais il n'y a pas de poules ici et pas de traces de pas sanglantes. Il n'y a rien du tout! Comme vous pouvez le voir, la maison est abandonnée!

Martin se mit à trembler de tous ses membres.

– Il est parmi nous. Je vous le dis : Satan est parmi nous! vociféra-t-il, hystérique.

Les autres reculèrent d'un pas. Soudain, Martin pointa le bossu :

– C'est lui qui est responsable de ce malheur! Dieu l'a désigné!

L'air complètement ahuri, Brice s'exclama :

– Moi? Qu'est-ce que j'ai fait?

– Avoue que tu es l'associé du diable! Il t'a aidé, cria Martin. Où étais-tu quand nous avons découvert le sang sur la claire-voie?

– Je ne sais pas trop, quelque part en ville.

– Quelque part en ville, reprit Martin en le singeant. Quelqu'un t'a vu? Une personne peut-elle en témoigner?

Le bossu se mit à transpirer. Désemparé, il haussa les épaules.

– Je ne sais pas. C'est possible, répondit-il d'une petite voix.

– Vous voyez bien! s'exclama Martin, triomphant. Il ne sait pas! Mais nous savons tous que tu détestes Dieu parce qu'il t'a fait naître bossu.

– Non, non et non! Ce n'est pas vrai! protesta Brice, désespéré.

– Oh que si! hurla le maçon. Tu détestes notre Seigneur pour ce qu'il t'a fait.

Dans un murmure général, les artisans prenaient le parti de Martin. Horrifiés, les enfants voyaient que tous doutaient de la bonne foi de Brice.

– Avoue que tu as signé un pacte avec le diable! C'est toi qui t'es hissé sur la claire-voie! Tu as fait saigner les pierres!

Le bossu recula devant le maçon enragé. Mais deux artisans vigoureux lui barrèrent la route et l'attrapèrent. L'un d'eux leva le poing.

– Arrêtez! s'écria Arnaud en s'interposant. Pas de violence!

Clara et Jean se sentirent soulagés. Mais combien de temps Arnaud pourrait-il protéger Brice?

Rassemblant son courage, Jean s'écria :

– Attendez! Si Brice a vraiment fait saigner les pierres, il a dû rejoindre la claire-voie par l'autre côté. Or c'est impossible et je peux le prouver!

Tous les regards se tournèrent vers lui.

– Comment le sais-tu?

Pourquoi Jean est-il sûr que Brice n'a pas pu accéder à la claire-voie par derrière?

3
La maison délabrée

Peu après, quand ils rejoignirent le mur dans lequel se trouvait l'ouverture, Jean poussa un soupir de soulagement. À la lueur vacillante de la lanterne, on distinguait encore des empreintes de pas sanglantes de part et d'autre de l'ouverture étroite.

À contrecœur, Martin reconnut que Brice était trop corpulent pour emprunter un passage si exigu. Le bossu remercia Jean de l'avoir tiré d'affaire. Mais Martin n'en avait pas fini.

– Si Brice n'a pas signé de pacte avec le diable, qui d'autre l'a fait? s'exclama-t-il en laissant planer son regard soupçonneux sur les hommes présents.

Tous baissaient les yeux. Seul Arnaud soutenait le regard du maçon.

– Cesse de proférer des accusations gratuites, Martin! ordonna-t-il. Tu as suffisamment perturbé l'atmosphère. Rentrez chez vous, maintenant. Je veux vous voir demain sur le chantier et...

– Attendez un instant, résonna une voix dans l'obscurité.

– Le vicaire de l'archevêque! chuchota Clara à son frère.

Grégoire, un homme maigre et voûté, au visage d'aigle, surveillait les travaux à la demande de l'archevêque de Cologne. Il n'était pas vu d'un bon œil sur le chantier, mais il prenait sa mission au sérieux. Derrière lui se pressaient des prêtres au regard inquisiteur. Grégoire toisa les artisans et les enfants.

– Ta présence est la bienvenue, dit-il en s'adressant au maître d'œuvre. Pourrais-tu m'expliquer la raison de cette agitation? On m'a rapporté que les travaux étaient suspendus depuis la fin de l'après-midi. Es-tu conscient que nous ne pouvons nous permettre aucun retard?

– J'en suis conscient, répondit Arnaud. Mais il s'est...

Furieux, Grégoire l'interrompit.

– Si tu en es conscient, pourquoi n'es-tu pas intervenu !

Arnaud ne se laissa pas décontenancer.

– Si tu cessais de me couper la parole, Grégoire, je pourrais au moins m'expliquer.

Jean sourit intérieurement. Cela lui plaisait de voir son père tenir tête à Grégoire. Le vicaire s'assombrit en écoutant le récit d'Arnaud.

Quand le maître d'œuvre eut terminé de parler, Grégoire reprit sur un ton doctoral :

– Cet édifice architectural doit être la plus grande cathédrale du monde. C'est une œuvre de Dieu. Et nous, ses créatures et ses serviteurs, nous l'édifions pour louer notre Seigneur. Nous ne permettrons pas que le diable la profane. Nous la construirons inlassablement pour montrer au Malin la puissance de Dieu.

Puis, lançant un regard sévère à Arnaud :

– L'archevêque ne tolérera plus aucune interruption des travaux.

– Avec tout le respect que je te dois, l'archevêque

n'a plus le pouvoir qu'il aurait aimé avoir, protesta l'audacieux Arnaud.

Le vicaire rougit de colère.

– Prends garde, maître Arnaud, gronda-t-il. Tiens bien ta langue. Toi et toi seul dois faire en sorte que le diable ne vienne plus perturber tes ouvriers!

– Tu as raison. Mais c'est au conseil de la Cité que je dois rendre des comptes et non à l'archevêque.

– Tu te repentiras de ton arrogance, persifla le vicaire.

Puis il se tourna vers la cathédrale, fit un signe de croix et s'écria d'une voix forte :

– Arrière, Satan!

Sur ces paroles solennelles, il s'éloigna avec sa suite.

– Qu'est-ce qu'il a dit ? demanda Clara.

– Ces mots sont tirés de l'évangile de saint Matthieu, expliqua Arnaud avant de se tourner vers ses ouvriers. Rentrez chez vous, maintenant. Toi, Bernard, reste avec moi.

Après le départ des hommes, il s'adressa à son contremaître :

– Viens dîner chez moi, ce soir. Demande à Georges, Éric et Rodolphe de t'accompagner. Ce sont des hommes avisés. Nous devons parler.

Bernard acquiesça puis il partit. Les enfants purent enfin poser à leur père la question qui leur brûlait les lèvres : comment son compas s'était-il retrouvé sur l'échafaudage ? Stupéfait, Arnaud haussa les épaules.

– Je n'en ai pas la moindre idée. J'ai remarqué à midi seulement que mon compas avait disparu. Et vous savez combien j'y tiens. Je pensais l'avoir égaré ce matin sur le chemin qui mène au travail et je l'ai cherché tout l'après-midi.

Quand je suis revenu sur le chantier, c'était l'enfer ici.

– Au sens propre du terme, renchérit Jean. Aurais-tu pu te le faire voler?

– Voler? Mais il porte mes initiales. Il est facilement reconnaissable, lança le maître d'œuvre, dépité.

Jean en resta là. Il avait son idée sur la question, mais elle était si terrifiante qu'il lui fallait d'abord rassembler des preuves.

– Pendant que j'y pense, nous devrions aller acheter une miche de pain. Maman n'a sans doute pas eu le temps de s'organiser pour le dîner avec Bernard et les autres, suggéra Jean, l'air de rien.

Clara lui jeta un regard étonné. S'il faisait une telle proposition, son frère devait avoir une idée derrière la tête.

– Dépêchez-vous d'aller chez le boulanger et de rentrer à la maison, répondit leur père distraitement.

– Qu'as-tu en tête? s'enquit Clara, une fois qu'ils se furent éloignés.

– Je crois que quelqu'un a volontairement déposé le compas sur l'échafaudage pour qu'on soupçonne Papa. Tu comprends?

Clara ouvrit des yeux ronds.

– Et pourquoi?

– J'aimerais bien le savoir, reconnut son frère. Mais je voudrais surtout retourner dans la maison délabrée. Le coupable nous observait certainement quand nous avons découvert les poules. Il y vit peut-être. Je veux savoir qui s'y cache!

– C'est pour ça que tu as inventé cette histoire de miche de pain! lança Clara sur un ton moqueur. Trop fort! Tu as raison, allons-y!

Un peu plus tard, les enfants rejoignaient la maison sinistre. Après s'être assurés que personne ne les observait, ils pénétrèrent discrètement à l'intérieur. Le clair de lune illuminait la pièce inquiétante où se trouvait le billot. Rien n'avait changé depuis leur dernière visite.

Clara montra une porte en face d'eux vers laquelle ils se dirigèrent le cœur battant. Jean appuya sur la poignée, mais la porte était verrouillée. Les enfants se regardèrent. Que pouvait renfermer cette pièce inaccessible ? Le secret des pierres sanglantes ?

– Faisons un tour de la maison, proposa Jean. Peut-être une fenêtre nous permettra-t-elle d'entrer dans la pièce !

Un bruit fit sursauter les enfants. Dehors, quelqu'un s'approchait en sifflotant. Jean se précipita vers la porte d'entrée et jeta un coup d'œil à l'extérieur. Un homme se dirigeait droit sur la maison, mais il ne pouvait pas distinguer son visage.

– Cache-toi ! ordonna Jean à sa sœur.

Clara fila se blottir derrière le vieux coffre en se faisant aussi petite que possible. Nerveux, Jean regarda autour de lui. Où pouvait-il se cacher ? Il n'avait qu'une possibilité. D'un bond, il rejoignit sa sœur et se dissimula à côté d'elle derrière le coffre. Des pas lourds firent alors grincer le plancher. L'homme était entré dans la maison. Clara tenta de l'observer discrètement par-dessus le coffre : elle vit une ombre s'approcher de l'une des lattes du plancher.

Malheureusement, l'individu leur tournait le dos. Puis on entendit un craquement. L'homme souleva la latte et se redressa pendant que Clara se baissait. Une clé grinça en tournant dans la serrure. La porte mystérieuse s'ouvrit et se referma aussitôt sur l'homme.

– Que faisons-nous, maintenant? chuchota Clara.

– Patientons un peu, répondit Jean.

Cinq minutes plus tard, l'homme réapparut et ferma soigneusement la porte à clé derrière lui. Puis il souleva de nouveau la latte avant de quitter la maison.

– C'est maintenant ou jamais! s'exclama Clara en bondissant de sa cachette.

En deux temps trois mouvements, ils soulevèrent

la latte et trouvèrent un trousseau de clés caché dessous. Jean l'examina de plus près. L'une des clés lui rappelait quelque chose. Peu importait. L'essentiel était de pouvoir ouvrir la porte! Après plusieurs tentatives, il trouva la bonne clé. Les enfants pénétrèrent enfin dans la pièce. Elle était peu meublée : un lit et une table, rien de plus. Mais qu'était-ce donc? Dans un coin, des lambeaux de parchemin étaient éparpillés. Après les avoir ramassés, Clara se dirigea vers la fenêtre illuminée par le clair de lune.

Pendant ce temps, Jean inspecta le lit. Il n'y avait rien d'autre qu'une couverture et un oreiller. Le garçon était déçu. Il aurait espéré trouver des choses plus intéressantes.

Jean n'avait pas découvert le moindre indice. Il jeta un regard vers sa sœur. Clara avait disposé les morceaux de parchemin sur le sol et tentait de reconstituer le puzzle.

Tout à coup, la fillette poussa un cri étouffé. Elle fit signe à son frère et lui montra sa découverte.

– Qu'en dis-tu ?

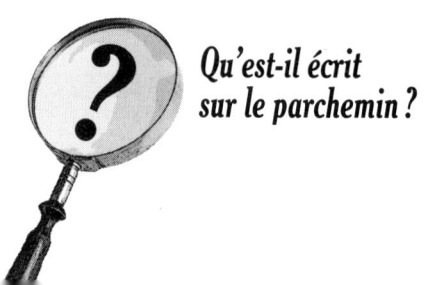

, Tu es
être

mes jours.
amour.

Pour Ysé
Je veux

le soleil de
ton grand

**Qu'est-il écrit
sur le parchemin ?**

4
La clé mystérieuse

Jean fixait sa sœur, l'air hébété.

– Pour Ysé ? Ce poème serait-il adressé à Maman ?

– Peut-être que la bien-aimée de l'homme porte le même prénom que Maman, répondit Clara sans conviction.

– Ce serait une vraie coïncidence, murmura Jean, bouleversé.

Que se tramait-il donc ? Il y avait déjà cette histoire de compas qui impliquait leur père. Et maintenant, cet étrange poème d'amour qui s'adressait à leur mère. Clara le tira de ses pensées.

– Supposons que Maman ait un admirateur qui lui écrive des poèmes d'amour.

– Maman, un admirateur ? Jamais de la vie ! Elle ne le permettrait pas ! protesta Jean.

Non, il connaissait trop bien sa mère. C'était une femme fière et intelligente qui se tenait aux côtés de son mari. Elle ne se laisserait jamais impressionner par des vers ridicules. Mais la question restait entière : que signifiait ce poème ? D'où le coupable connaissait-il leur mère? Tout cela n'avait pas de sens, du moins pas encore.

Le garçon décida de rester concentré sur les faits, aussi minces furent-ils. Une chose était certaine : les pierres sanglantes de la claire-voie avaient un lien avec leurs parents. Mais lequel? Il y avait aussi cette clé qu'ils avaient trouvée sous la latte de plancher. Jean l'examina de plus près, il faisait trop sombre. D'un geste sûr, il rangea le trousseau de clés dans la pochette de cuir qu'il portait à la ceinture.

– Il est temps d'aller acheter le pain et de rentrer à la maison, dit-il. Sinon, les parents vont s'inquiéter.

Clara bondit sur ses pieds.

– Allons-y. J'ai hâte de quitter cette maison lugubre. L'homme macabre à la veine poétique pourrait revenir d'une minute à l'autre.

– Vous voilà enfin! s'exclama leur mère en les voyant arriver un quart d'heure plus tard.

La maîtresse de maison portait un corsage serré au-dessus de sa longue jupe et une chemise de lin blanche. Sa coiffe était élégante.

– Clara, viens m'aider à la cuisine, demanda Ysé. Nous avons des invités ce soir.

Un verre de bière à la main, Arnaud, qui se tenait dans l'embrasure de la porte, haussa les épaules en guise d'excuse.

– Ysé, je suis désolé pour cette soirée improvisée, mais nous devons discuter de choses importantes.

– Oui, je sais. Il faut que je m'active, répondit son épouse, légèrement contrariée. Ne reste pas planté là. Va plutôt chercher du vin et de la bière à la cave. Et toi, Jean, pose le pain sur le buffet. Ensuite, tu pourras mettre le couvert. Ton père me dit que nous aurons quatre invités ce soir.

Le garçon obéit. Il étala une belle nappe blanche sur la table en bois. Puis, il approcha les chaises et fit en sorte que le maître de maison soit placé au milieu des convives.

Devaient-ils informer leurs parents de leurs dernières découvertes? se demanda Jean en disposant sur la table les assiettes creuses en bois, les verres et les plateaux en étain rectangulaires qui servaient à découper les mets.

Il décida que non. Clara et lui n'avaient pour l'instant que de vagues hypothèses. Et le poème d'amour risquait de déclencher de l'animosité et de la méfiance. Il leur fallait trouver des preuves solides.

Jean devait d'abord attendre le moment opportun qui lui permettrait de mettre à exécution son plan concernant la clé... Perdu dans ses pensées, il posa les cuillers à côté des petits plateaux. Il prit soin d'en tourner le creux vers la table, comme il était d'usage de le faire, pour éviter que le diable ne vienne s'y installer. Les invités apportaient eux-mêmes leur couteau. Jean recula de quelques pas pour admirer son œuvre.

Pendant ce temps, Clara aidait sa mère à la cuisine. Devant la cheminée en pierre, elle tournait les six brochettes de poulet au-dessus du feu.

– Dire qu'il est prévu du poulet ce soir, pensa la fillette.

Après une telle journée, elle en avait assez de ces satanées volailles.

– Pourquoi fais-tu cette tête? demanda Ysé en riant.

Elle portait une grosse marmite de betteraves et

de poireaux, qui baignaient dans un délicat bouillon de sauge et de romarin.

– Je n'ai pas faim, répondit Clara.

Sa mère suspendit la marmite au-dessus du feu.

– Attends que le poulet soit cuit, dit Ysé. Tu verras qu'il te mettra en appétit. Je prépare du poulet à la grecque.

– Quoi donc?

Ysé lui adressa un sourire complice.

– C'est une nouvelle recette que l'épouse du bourgmestre m'a donnée ce matin au marché. On relève le poulet avec du gingembre, du miel, du vin blanc, du sel, du poivre et des pétales de rose.

– Des pétales de rose ? Ça se mange ? demanda Clara, méfiante.

– Non, ils servent à décorer le plat. Le plaisir des yeux compte aussi.

– Ah, bon ! s'exclama Clara en s'épongeant le front.

Près du feu, la chaleur était insoutenable. « Les roses sont un symbole d'amour », se dit-elle. Brusquement, elle repensa à cet étrange poème d'amour.

– As-tu déjà reçu des poèmes ? demanda-t-elle à sa mère, l'air innocent.

– Des poèmes ? répondit Ysé, stupéfaite. Pourquoi une telle question ?

Sans attendre les explications de Clara, elle poursuivit :

– Non, je ne crois pas. Votre père n'a pas vraiment l'âme d'un poète.

– Quelqu'un d'autre t'aurait-il écrit des poèmes ?

Ysé jeta un regard sévère à sa fille.

– Tu poses de drôles de questions, aujourd'hui. Pourquoi t'intéresses-tu aux poèmes ?

Soudain, Clara eut encore plus chaud, mais ce n'était pas à cause du feu.

– Pour rien. En as-tu déjà reçu oui ou non ? insista-t-elle.

Ysé prit un couteau pointu et se mit à hacher un bouquet de persil.

– Non, je n'en ai jamais reçu. Cesse donc avec ces sornettes! Arrange-toi plutôt pour que le poulet ne brûle pas!

Une heure plus tard, les invités avaient pris place aux côtés d'Arnaud et d'Ysé autour de la grande table. Les enfants, légèrement en retrait, avaient une petite table pour eux.

– Qu'est-ce que c'est? s'enquit Jean en pointant son couteau vers un pétale de rose. Ça se mange aussi?

– Mais non, c'est pour la présentation. Ça se voit, non? rétorqua sa sœur.

– Comment j'aurais pu le savoir? Je pensais que l'on devait manger tout ce qu'on a dans l'assiette.

– Tu ne connais rien à la grande cuisine, fit Clara, l'air moqueur. C'est du poulet à la grecque.

– À la grecque? s'esclaffa son frère. Pourtant, il a le goût d'un poulet bien de chez nous. Il faudrait peut-être que je mange le pétale de rose.

Clara leva les yeux au ciel.

– Ne dis pas ça devant Maman, gros nigaud!

De son côté, Arnaud se leva et porta un toast à sa corporation et à la cathédrale.

– Je vous ai réunis ce soir pour que nous nous mettions d'accord, annonça le maître d'œuvre.

Tous les regards étaient rivés sur lui.

– L'incident qui s'est produit aujourd'hui sur le chantier a beaucoup perturbé les artisans. Il relève de notre responsabilité que les travaux se poursuivent sans heurts. Vous êtes des hommes avisés que l'on ne manipule pas facilement et qui avez votre mot à dire sur le chantier. Nous devons donner l'exemple et ne pas nous laisser déstabiliser par ce qui pourrait encore se produire.

«Que veut-il dire par là?», se demanda Jean. Son père envisagerait-il que d'autres problèmes se posent?

– Soyons un exemple pour les autres, poursuivit Arnaud en s'adressant à ses hommes. Nous devons faire notre travail dans la foi en Dieu en évitant de laisser prise aux superstitions en tout genre. Il nous faut couper court à toute forme de sorcellerie et faire régner l'ordre et le calme. Dans le cas contraire, nous ne parviendrons jamais à respecter les délais.

– Tu as raison, maître Arnaud! s'exclama Bernard. Je vais avoir Martin à l'œil, car il paraît très réceptif à ce genre de choses.

– Oui, mais la situation n'est pas si simple, intervint un tailleur de pierre. Nous n'avons toujours pas trouvé d'explication tangible aux pierres sanglantes.

Arnaud acquiesça.

– Je suis d'accord. Mais rien ne prouve que ce soit l'œuvre du diable.

Bernard tapa du poing sur la table.

– Quelqu'un s'est certainement joué de nous. Mais nous ne sommes pas dupes! Nous poursuivrons les travaux pour éviter que Grégoire ne s'en mêle à nouveau. Avez-vous vu comme il a cherché à nous mettre la pression?

– L'archevêque n'a pas son mot à dire, ajouta Arnaud. Personne ne doit nous dicter ce que nous avons à faire sur le chantier. Personne excepté notre corporation!

Sur ces mots, tous levèrent leur verre.

Ce ne fut pas le dernier toast de la soirée. Jean dut descendre plusieurs fois à la cave chercher du vin et de la bière. Vers minuit, Bernard quitta la maison du maître d'œuvre en titubant légèrement. Soulagé, Arnaud enlaça son épouse et murmura :

– Ce poulet orné de pétales de rose était délicieux.

– Il est temps de regagner ton lit, suggéra-t-elle timidement. Une grosse journée t'attend demain.

Une demi-heure plus tard, Jean se glissait dans la chambre de ses parents. À leur respiration régulière,

il sut qu'ils dormaient profondément. Sur la pointe des pieds, il se dirigea vers la chaise où se trouvait le vêtement de son père. Il détacha le trousseau de clés de la ceinture et retourna à tâtons dans la chambre qu'il partageait avec sa sœur. Clara l'attendait impatiemment. La lueur de la bougie éclairait son petit visage aux yeux noirs et vifs.

– Me diras-tu enfin ce que tu fabriques? demanda-t-elle.

– Psitt, patiente un peu, répliqua Jean, tout excité.

Il prit le trousseau de clés qu'ils avaient trouvé dans la maison délabrée et le posa à côté de celui de son père.

– Je l'aurais juré! s'exclama-t-il joyeusement.

– Te donnerais-tu la peine de m'expliquer?

– Mais bien sûr!

Qu'a découvert Jean?

5
Soupçons

Au lever du jour, les enfants se précipitèrent dans la chambre de leur père pour lui raconter ce qu'ils avaient découvert.

– Nous savons comment ton compas a disparu! déclara Jean en lui brandissant le trousseau de clés sous le nez.

– Quoi, comment? demanda le maître d'œuvre, qui n'était pas bien réveillé.

Jean lui raconta leurs aventures de la veille et lui parla des clés qu'ils avaient trouvées dans la maison délabrée.

– Le voleur a fait refaire la clé de la baraque de chantier. Il s'y est ensuite introduit et a dérobé le compas, expliqua-t-il.

Mais il se garda bien de parler du poème. Arnaud se redressa brusquement sur son lit.

– Pourquoi ne me l'avez-vous pas dit plus tôt? dit-il en repoussant la couverture. Nous ferons arrêter ce gredin quoi qu'il arrive. Nous allons fouiller sa maison de fond en comble. Il doit bien se trouver quelque part. Mais auparavant, je vais me rendre sur le chantier pour discuter avec Bernard. Il me remplacera jusqu'à ce que cette histoire de vol soit éclaircie.

– On peut t'accompagner? demanda Jean.

– En réalité, tout cela n'est pas de votre âge. Mais soit, puisque vous nous avez mis sur la piste du coupable...

Quand Arnaud et les enfants arrivèrent à la cathédrale, le soleil se levait. Des centaines d'artisans étaient déjà affairés sur le chantier et Brice faisait sa tournée en proposant ses petits pains chauds.

Arnaud retrouva Bernard à la baraque de chantier et l'informa en quelques mots de la situation. Les enfants le virent rougir de colère.

– Un voleur sur notre chantier? Nous allons lui montrer de quel bois nous nous chauffons! hurla Bernard.

Puis, d'une voix étouffée :

– Dis-moi, maître Arnaud, pourquoi le voleur a-t-il laissé le compas sur le lieu du crime alors qu'il aurait pu le conserver?

– Je l'ignore, répondit Arnaud. Il veut sans doute...

Un craquement les fit sursauter.

– Là-bas, l'échafaudage! s'écria Clara.

Le craquement se transforma en déflagration, et l'échafaudage situé près des arcades s'effondra en ensevelissant plusieurs ouvriers.

On entendit des hurlements. Arnaud, Bernard et les enfants se précipitèrent sur le lieu de l'accident, suivis par d'autres. Unissant leurs forces, ils mirent les blessés en lieu sûr.

– Allez chercher un médecin, vite! entendit-on.

Heureusement, il n'y avait pas de morts, mais quatre ouvriers étaient mal en point. On les transporta doucement jusqu'à la baraque de chantier.

– Comment ça s'est produit? demanda Arnaud, atterré.

– Je vais te le dire, maître Arnaud! clama la voix perçante de Martin.

D'une main tremblante, le maçon montrait l'un des piliers des arcades.

– Oh, mon Dieu! laissa échapper le maître d'œuvre.

Une empreinte de main droite apparaissait clairement sur la pierre. À côté, le mot «Satan» était écrit en lettres de sang.

– Le diable est parmi nous, je vous l'avais dit! brailla Martin.

On était au bord de l'émeute. Des cris fusaient de tous les côtés. Arnaud tenta vainement d'apaiser les hommes.

Clara tira Jean par la manche et lui montra le marchand ambulant qui examinait l'une des entretoises fendues de l'échafaudage.

– Regarde, on dirait que Brice a trouvé quelque chose!

Les enfants s'empressèrent de le rejoindre.

– Je ne suis pas artisan, expliqua Brice en dégageant la poussière de l'entretoise en bois. Mais je suis capable de voir que cette pièce a été sciée.

– Je t'en fiche du diable! s'exclama Clara. L'échafaudage a été scié. C'est pourquoi il s'est effondré quand les ouvriers y sont montés! Allons vite le dire à Papa!

– Pas si vite, petite, intervint Brice. Il y a autre chose de plus inquiétant.

Il sortit alors une veste de tissu fin de dessous ses haillons.

– Je l'ai trouvée sous les décombres, expliqua-t-il.

– Et puis?

– La veste porte les initiales de votre père, chuchota Brice en dissimulant à nouveau le vêtement couvert de poussière.

Pendant quelques secondes, Jean ferma les yeux.

– Que se passe-t-il donc ici? s'inquiéta-t-il.

– J'ai un mauvais pressentiment, dit Brice. On voudrait nous faire croire que votre père a scié l'échafaudage. Si sa veste avait été retrouvée, tout le monde aurait pensé que le maître d'œuvre l'avait retirée après avoir transpiré en sciant l'échafaudage et l'avait oubliée ici. À moins que le vrai coupable veuille nous faire croire que votre père ait été dérangé en commettant son forfait. Il aurait alors pris ses jambes à son cou et oublié sa veste.

– C'est épouvantable, dit Clara d'une voix blanche. Papa n'a rien à voir avec ce crime odieux! Seul l'homme qu'on a vu hier est capable d'avoir mis au point un plan aussi machiavélique! Papa voulait le faire arrêter aujourd'hui. Il est grand temps qu'il le fasse!

Bille en tête, elle se dirigea vers le maître d'œuvre et les ouvriers en émoi. Brice voulut la suivre, mais Jean le retint.

– Tu ne dois parler de la veste à personne, dit-il au bossu. Puis-je te faire confiance?

Brice passa la main dans les cheveux du garçon.

– Bien sûr, je suis muet comme une tombe. D'ailleurs, tu m'as bien tiré d'affaire hier!

Brice et les enfants eurent beaucoup de mal à retenir l'attention des ouvriers. Ils voulaient leur expliquer que l'échafaudage avait été scié. Quand les hommes virent les traces de scie, la tension laissa place à du soulagement. Ils comprirent que l'accident avait été causé par la main humaine. Seul Martin restait campé sur ses positions.

– Les signes sont clairs, mais vous refusez de les voir, s'obstina-t-il, les bras croisés sur la poitrine. Ce chantier est maudit, je vous le dis!

– Le diable aurait-il eu besoin de scier un échafaudage? demanda Arnaud sur un ton provocateur.

Comme Martin se taisait, il ajouta :

– Mettons fin à ce cauchemar et allons arrêter le vrai coupable. Suivez-moi!

Accompagnés d'une douzaine d'hommes, Arnaud et les enfants se rendirent dans la maison délabrée. Cette fois, ils la fouillèrent de fond en comble. Mais ils ne trouvèrent aucune trace de l'homme que Clara et Jean avaient vu. Quand ils sortirent dans la ruelle, Arnaud aperçut un petit homme rondouillard, qui pointait son nez à la porte de la maison voisine.

– Hé, toi! s'écria le maître d'œuvre. Nous aimerions te poser quelques questions.

L'homme sortit à contrecœur. Il portait une chemise usée et un tablier taché, sur lequel il s'essuyait sans arrêt les mains. Une pince et un marteau dépassaient des poches de son tablier. L'homme était forgeron.

– Ah, vous êtes le maître d'œuvre de la cathédrale, s'exclama-t-il en s'inclinant exagérément. Qu'est-ce qui vous amène dans cette ruelle sombre?

Arnaud fronça les sourcils.

– C'est à moi de poser les questions. As-tu ton atelier ici?

– Oui, bien sûr.

– Tu dois donc savoir qui passe par là.

– Oui, le plus souvent.

– Tu sais certainement qui rentre et sort d'ici, demanda Arnaud en montrant la maison délabrée.

Le forgeron dodelina de la tête.

– C'est possible.

Il s'essuya à nouveau les mains sur son tablier. Le maître d'œuvre s'impatienta.

– Et qui as-tu vu ici? poursuivit Arnaud. Qui vit dans ce taudis?

– Comment ça?

Le forgeron recula d'un pas, comme s'il voulait se réfugier dans son atelier.

– Tu vas me faire le plaisir de parler! s'écria Arnaud, sans retenue. Il s'agit d'élucider un crime!

– Un crime? Ça devient intéressant!

– Si tu ne dis pas immédiatement ce que tu sais, tu vas terminer au cachot! Tu verras comme c'est intéressant!

– Calmons-nous, rétorqua le forgeron, levant les mains en signe d'apaisement. Un homme vient quelquefois dans cette maison. Je ne le connais pas. Je l'ai juste vu une fois ou deux. J'ignore s'il était là la nuit dernière.

– Et tu ne connaîtrais pas le nom de cet individu par hasard ? insista Arnaud.

Le forgeron lui adressa un regard étrange, comme si la question le surprenait.

– Je n'en sais rien, répondit-il en tripotant les bretelles de son tablier.

Il recula encore d'un pas. Arnaud était perplexe. Son regard passait des enfants aux ouvriers.

– Je parie que cet homme ment, dit-il de manière à ne pas être entendu par le forgeron. Mais je n'ai pas le pouvoir de le faire parler.

– Tu as raison, Papa, dit Clara. Le forgeron en sait plus qu'il ne veut bien le dire.

Comment Clara le sait-elle ?

6
Un jugement sévère

– La petite a raison, gémit le forgeron servile. J'ai menti. Veuillez me pardonner!

– Je ne t'accorderai mon pardon que si tu nous donnes sur-le-champ le nom de ton voisin, rétorqua le maître d'œuvre sur un ton menaçant.

– Je ne connais pas son nom, je le jure! La maison est abandonnée depuis la mort du dernier propriétaire il y a un an. Il n'a pas laissé d'héritier. Parfois, des vagabonds viennent loger ici. Mais depuis quelques jours, il y a cet individu lugubre qui rentre et sort.

L'inquiétude se lut sur son visage.

– Il n'apparaît que la nuit et fait en sorte de ne pas être vu, poursuivit-il, les yeux écarquillés. Mais la nuit dernière, je l'ai croisé en rentrant de la taverne. L'homme portait un capuchon, si bien que je n'ai pas vu son visage. Il m'a fait comprendre que je ne devais parler à personne de notre rencontre et m'a donné une pièce pour acheter mon silence.

– À quoi ressemblait-il? Te souviens-tu de certains détails! demanda Arnaud durement.

Le forgeron lança à nouveau un regard étrange au maître d'œuvre.

– Tu vas me faire le plaisir de parler! insista Arnaud.

– Il était petit, chuchota le forgeron. Et plutôt mince. Il avait le nez pointu.

Soudain, il se redressa et, pointant le maître d'œuvre, il ajouta d'une voix tremblante :

– L'homme vous ressemblait, maître Arnaud!

Tous eurent un sursaut de surprise. Personne n'osa prononcer le moindre mot. Lentement, les regards se tournèrent vers le maître d'œuvre, qui recula d'un pas. Clara fut prise d'étourdissement. C'était comme si le sol se dérobait sous ses pieds.

– C'est ridicule! s'écria Arnaud, désespéré. Cet homme ment.

Un silence pesant s'installa.

Les pensées défilaient dans la tête de Jean. Que se passait-il ici? D'abord l'affaire du compas, puis l'étrange poème adressé à sa mère, la veste de son père retrouvée sous les décombres et maintenant,

les propos accusateurs du forgeron.
Quelqu'un semblait en avoir après sa
famille.

– Allons ensemble à la maison de
la corporation pour prendre conseil
sur la façon d'agir, proposa Bernard.

– Sur la façon d'agir : que veux-
tu dire par là ? demanda Arnaud.

– Je pense qu'il faut faire quelque chose. Nous ne
pouvons pas continuer ainsi, répondit Bernard froi-
dement.

Sa réponse fut suivie d'un murmure d'approba-
tion. Arnaud redressa la tête.

– C'est d'accord, allons à la maison de la corporation.

Puis il se tourna vers ses enfants.

– Quant à vous, filez à l'école. Il est déjà bien tard.

Ce jour-là, les leçons d'écriture et de calcul s'éter-
nisèrent. Ni Jean ni Clara, l'une des rares fillettes
de la ville à fréquenter l'école, n'étaient vraiment
concentrés. Ils attendaient impatiemment l'après-
midi.

Pendant la leçon de calcul, Jean pensait à la corporation qui était en train de se prononcer sur le jugement réservé à son père. Arnaud pouvait-il en être exclu ou envoyé au cachot à cause des accusations proférées par le forgeron ? La corporation avait beaucoup de pouvoir. Ses membres croiraient-ils à l'innocence d'Arnaud ?

Jean tenta de se calmer. Les membres de la corporation comptaient beaucoup d'hommes expérimentés comme son père... Ils prendraient certainement les décisions les plus justes. Mais si l'innocence de son père ne faisait aucun doute, pourquoi s'était-elle réunie ? « Cela ne présage rien de bon », pensa Jean.

Après l'école, quand Jean se rendit sur le chantier

avec Clara, son mauvais pressentiment se confirma. Arnaud n'était pas là et Bernard ne voulait pas leur annoncer les décisions de la corporation. Il leur conseilla de rentrer chez eux. Les enfants s'empressèrent de regagner la maison.

Leurs parents étaient dans la cuisine. Arnaud avait l'air accablé, tel un homme brisé. Il donnait l'impression d'avoir vieilli d'un coup.

– On m'a démis de mes fonctions, dit-il quand il vit le visage interrogatif des enfants. Je ne suis plus le maître d'œuvre de la cathédrale.

– C'est injuste! s'écria Clara, de colère. Tu n'as rien fait de mal!

Arnaud hocha doucement la tête.

– Non, mais je ne peux pas le prouver. Les membres de la corporation se sont massivement retournés contre moi. Certes, je reste un homme libre, car les soupçons qui pèsent sur moi ne suffisent pas à m'arrêter. Et le forgeron n'est pas vraiment crédible. Mais beaucoup d'hommes, comme Martin, ne veulent plus travailler sous ma responsabilité. Ils disent que ces incidents ne seraient jamais survenus du temps de mon prédécesseur. Ils en déduisent que je suis impliqué d'une façon ou d'une autre.

Arnaud soupira avant de poursuivre :

– Le conseil de la Cité et l'Église veulent éviter que les travaux prennent du retard. Pour une fois, ils sont unanimes. Ils ne peuvent pas se permettre de faire appel à un maître d'œuvre contesté et soupçonné de faire alliance avec le diable. On m'a donc démis de mes fonctions et on les a confiées à Bernard jusqu'à ce qu'ils trouvent un nouveau maître d'œuvre.

Clara avait peine à garder son calme.

– C'est trop injuste! s'écria-t-elle, furieuse. C'est, c'est...

Mais sentant les larmes lui monter aux yeux, elle s'interrompit et se précipita vers la fenêtre. Personne ne devait la voir pleurer. Une main se posa sur son épaule. Clara se retourna. Sa mère se tenait derrière elle.

– Qu'allons-nous devenir? demanda Clara, désespérée.

– Nous parviendrons à surmonter cette épreuve à condition de garder la tête froide, répondit Ysé.

– Si au moins nous savions qui se cache derrière tout ça, dit Clara à voix basse.

– C'est forcément un homme qui ressemble à Papa, constata Jean.

Arnaud se leva pour aller se verser un verre d'eau.

– Je ne cesse de me poser la question depuis ce matin. Deux personnes me viennent à l'esprit, dit-il. Mes frères Roland et Lambert. Tous les deux me ressemblent beaucoup.

– Crois-tu qu'ils pourraient être impliqués dans cette affaire ?

– J'ai beaucoup de mal à le croire, répondit Arnaud. Mais nous nous sommes disputés maintes fois.

Jean et Clara se dévisagèrent. Il y avait eu des mésententes entre les frères ? Cela pourrait donc avoir un lien avec les derniers événements !

– Où sont tes frères ? demanda Clara. Tu n'en parles jamais.

Arnaud se gratta la tête.

– Je l'ignore. Nous nous sommes perdus de vue il y a plusieurs années. Après une querelle en France.

– Raconte-nous ce qui s'est passé, le pria Jean.

– À cette époque, nous étions encore compagnons et tailleurs de pierre à Reims. Là, nous avons contribué à construire la splendide cathédrale. Roland était le plus vigoureux et le plus endurant. Lambert et moi étions très admiratifs de son aptitude à manier l'escoude. Le problème, c'est que Roland ne maîtrisait pas toujours sa force : il était souvent impliqué dans des bagarres. C'était une tête brûlée, et il n'était pas très intelligent. Il n'avait pas appris à lire et à écrire comme Lambert et moi. Lambert était un tailleur de pierre doué, lui aussi. Avec du recul, je dirais même que Lambert était le plus talentueux d'entre nous. Mais il était paresseux.

– Que sont-ils devenus? demanda Jean, tout excité.

Plus il écoutait son père, plus il avait le sentiment que cette vieille histoire était la clé des événements récents.

– Pas si vite! Nous sommes à Reims, l'interrompit son père.

– Un jour, nous nous sommes querellés tous les trois au beau milieu du chantier. Je ne sais plus bien pourquoi. Toujours est-il que nous nous sommes bagarrés au point de briser l'un des vitraux de la cathédrale. Ce qui nous a évidemment causé des ennuis.

Jean hocha la tête. Il était conscient de la valeur des vitraux.

– Quelles furent les conséquences pour vous? demanda-t-il.

Arnaud avait l'air embarrassé. Cette histoire lui rappelait des souvenirs pénibles.

– Comme vous le savez, ce type d'accident se règle au sein de la corporation. C'est ce qui s'est passé. Nous avons dû prendre en charge les réparations. Et on nous a interdit de travailler ensemble à l'avenir. J'ai eu la chance de pouvoir rester à Reims. Mais Roland et Lambert ont été contraints de quitter la ville. Ils se plièrent à contrecœur à cette décision, d'autant qu'ils prétendaient que j'avais provoqué la bagarre. Je n'oublierai jamais le regard de haine et de jalousie qu'ils m'ont lancé. Depuis, je n'ai plus entendu parler ni de Roland ni de Lambert.

Ysé soupira.

– Ils avaient tous les deux une bonne raison de vouloir te créer des problèmes.

– C'est vrai, renchérit Jean. Pourtant, un seul d'entre eux est en cause !

À qui pense Jean ?

7
Profanation des Rois mages

– Lambert? s'étonna Arnaud, incrédule.

Il faisait les cents pas dans la pièce.

– Non. Je reconnais que certaines choses le désignent, mais j'ai du mal à croire qu'il soit coupable. Pourquoi se donnerait-il tant de mal à me nuire? Pour une vieille dispute? C'est absurde.

Clara lança un regard plein de sous-entendus à Jean. Il comprenait à quoi elle faisait allusion.

– Lambert a peut-être une autre raison de te vouloir du mal, dit Jean, hésitant.

Ses parents le regardèrent avec étonnement. Le garçon parla alors du poème d'amour qu'il avait trouvé avec sa sœur dans la maison délabrée.

– Peut-être Lambert fait-il en sorte que tu sois soupçonné pour pouvoir conquérir Maman, conclut-il.

– Que dis-tu? C'est impensable! s'indigna Arnaud. Tu es au courant, Ysé?

Son épouse était épouvantée.

– Arnaud, j'espère que tu n'imagines pas une seconde que je connais ce – comment dire – cet admirateur secret!

– Je ne sais plus que croire! s'écria Arnaud, hors de lui.

– C'est pour ça qu'on ne vous a pas parlé de ce poème stupide, expliqua Clara. Nous ne voulions pas provoquer de dispute entre vous.

Ces mots calmèrent Arnaud, qui approuva d'un hochement de tête.

– Pardonne-moi, dit-il à sa femme. Ça fait beaucoup pour moi, pour nous tous d'ailleurs.

Ysé leva les mains en signe d'apaisement.

– Je comprends, mais je peux t'assurer que je n'ai jamais rencontré Lambert.

– C'est possible, intervint Jean. Mais il t'a peut-être vue quelque part, sur le marché par exemple, et il serait tombé amoureux de toi.

Arnaud serra les poings.

– Je vais trouver ce malheureux et lui demander des explications ! Il doit encore être en ville à l'heure qu'il est ! s'exclama-t-il en enfilant sa veste.

– Je viens avec toi ! proposa Jean.

– Moi aussi, dit Clara.

– Il n'en est pas question. Vous restez ici. Ce sont des problèmes d'adultes, ordonna leur père.

À ces mots, il quitta la maison.

Une heure plus tard, on cogna violemment à la porte. Clara se précipita la première et l'entrouvrit. Devant elle se tenait Brice.

– Laisse-moi entrer ! insista le marchand ambulant. Il est arrivé quelque chose de terrible !

Pâle comme un linge et les lèvres tremblantes, il se faufila dans le salon.

– Où est Arnaud ? demanda-t-il quand il se retrouva dans la pièce.

– Il est sorti, répondit Ysé. Pourquoi? Que se passe-t-il?

– Oh, non! J'ai prié pour qu'il soit chez vous! se lamenta Brice.

– Raconte-nous. Qu'est-il arrivé? s'impatienta Jean.

Brice s'effondra sur une chaise. Désespéré, il se tenait la tête dans les mains.

– Arnaud est-il sorti seul?

Les autres acquiescèrent.

– Dans ce cas, je redoute le pire, soupira Brice en se signant. La châsse des Rois mages a été profanée avec du sang et cette terrible empreinte de main. Et Arnaud est seul en ville! Comprenez-vous maintenant? On va encore le soupçonner!

– Quoi? s'exclama Jean, horrifié. On a profané la châsse des Rois mages? Nous devons voir ça. Mais toi, Brice, ne t'approche pas de la cathédrale. Si l'on t'y voit, on trouvera moyen de t'accuser.

Ysé et Clara suivirent Jean jusqu'au chantier. Ils regardèrent autour d'eux dans l'espoir de voir surgir Arnaud. En vain.

Au loin, ils perçurent une grande agitation. Dans la chapelle qui abritait les reliques des Rois mages, des hommes se pressaient. Jean se faufila jusqu'à la châsse. Comme à chaque fois, il fut impressionné par ce chef-d'œuvre d'orfèvrerie incrusté de pierres précieuses. Puis il vit le sang couler dessus. L'empreinte de main et la signature voulaient à nouveau faire croire à l'intervention du diable.

Une voix stridente le sortit de sa torpeur.

– Ne serait-ce pas le fils d'Arnaud? brailla Martin.

D'instinct, le garçon recula d'un pas et manqua d'écraser les pieds de sa mère et de sa sœur.

– Mais oui, c'est bien lui! vociféra Martin. Et il a amené sa tribu avec lui. Vous osez venir ici! Où est passé Arnaud?

– C'est vrai, où est Arnaud?

Les hommes hurlaient. Ils encerclèrent bientôt la famille. Horrifié, Jean constata que Bernard et Grégoire comptaient parmi ceux qui voulaient pourchasser son père.

– Cessez immédiatement! ordonna Ysé. Vous n'avez aucun droit de parler ainsi.

Jean et Clara admirèrent le courage de leur mère.

– Je ne vous permettrai pas de traîner mon mari dans la boue. Il est le maître d'œuvre légitime de la cathédrale de Cologne! clama Ysé d'une voix mena-çante. Il ne s'est rendu coupable de rien!

– Ah, bon? persifla Martin en ricanant. Et que voyez-vous là? Nous l'avons trouvée par terre à côté de la châsse! dit-il en agitant une feuille de parchemin.

– Tais-toi et donne-moi ça! ordonna Grégoire en arrachant le parchemin des mains du maçon.

D'un geste ample, le vicaire le déroula devant Ysé et les enfants.

– Voyez vous-mêmes!

Jean ferma les yeux. Il avait compris ce dont il s'agissait. C'était un plan d'architecte, comme son père en faisait souvent.

– Ce plan est l'œuvre d'un spécialiste, d'un maître d'œuvre par exemple! expliqua Grégoire en ricanant.

Avec son index, il pointa plusieurs endroits sur le plan de construction.

– On y voit trois croix. L'une sur la claire-voie,

l'autre sur l'échafaudage près des arcades et la troisième près de la châsse des Rois mages. Ce sont les trois endroits où l'homme a frappé, dit-il triomphant. Mais le plus révélateur, ce sont les initiales d'Arnaud que l'on voit là sur le bord. C'est la preuve flagrante de sa culpabilité. On saura tôt ou tard s'il fait alliance avec le diable. Mais il est clair qu'il veut anéantir la cathédrale!

Il lâcha le parchemin comme s'il avait peur de se brûler les doigts.

– Nous devons trouver Arnaud! Il finira au cachot! s'acharna Martin.

Désemparés, l'épouse et les enfants du maître d'œuvre virent les hommes se ruer hors de la cathédrale. Clara ramassa le plan, qui gisait dans la poussière, sur le sol.

– Je ne comprends rien à tout ça, dit-elle tristement. Papa ne ferait jamais une chose pareille!

– Je suis persuadé que Papa n'y est pour rien, mais nous devons l'avertir rapidement, déclara Jean.

Ils avaient peu de chance de le trouver avant la horde d'hommes qui le pourchassait. Clara acquiesça, enroula le parchemin et suivit son frère et sa mère.

Ils coururent à travers les rues en demandant à ceux qu'ils croisaient s'ils avaient vu le maître d'œuvre. Sur le point d'abandonner, ils retrouvèrent sa piste. Une paysanne leur dit avoir vu Arnaud près de l'église Saint-Martin. Peu après, ils parcouraient le dédale de ruelles qui longeaient le Rhin et d'où l'on voyait s'élancer le clocher imposant de l'église. Sur le parvis, en ce début de soirée, l'animation battait son plein.

– Il est là, je le vois! s'exclama Clara en se dirigeant droit devant elle.

Jean et sa mère aperçurent enfin la silhouette d'Arnaud. Le maître d'œuvre était en pleine discussion avec un homme élégamment vêtu. Clara se précipitait vers son père quand elle entendit des hurlements. Du coin de l'œil, elle vit un groupe d'hommes marcher droit sur Arnaud : c'étaient Martin, Grégoire et les autres!

– Papa, sauve-toi!

Le cri de Clara retentit sur le parvis. Au moment de faire volte-face, Arnaud fut attrapé par derrière. Le visage grimaçant de colère, Martin lui tenait les mains dans le dos.

– Laisse-le partir! hurla Clara en rejoignant le maçon.

Ses petits poings tambou-
rinaient sur les bras de Martin qui maintenaient ferme-
ment Arnaud.

– Va-t'en! ordonna Martin,
tandis qu'un homme tirait la
fillette sur le côté.

On empêcha aussi Jean
et Ysé d'approcher. Puis on
emmena Arnaud.

– Nous nous battrons pour toi, lança Ysé à son
mari.

Son visage était baigné de larmes. Jean fit un
effort pour se maîtriser.

– Oui, nous le ferons, insista Ysé. Je vais tout de
suite demander une audience au conseil de la Cité.
Quant à vous, rentrez à la maison et attendez-moi.

Le cœur serré, Jean et Clara obéirent. Ils auraient
préféré accompagner leur mère dans cette mission
délicate.

À peine arrivée, Clara déroula le parchemin sur la
table de la cuisine.

– Ce plan doit être un faux, dit-elle. Si Papa était coupable, il n'aurait jamais été assez bête pour laisser traîner une preuve pareille sur le lieu du crime.

– Mais Lambert est-il capable de dessiner un tel plan? s'enquit Jean, sceptique.

La fillette haussa les épaules.

– Pourquoi pas? Papa nous a dit que Lambert était très doué.

– Quoi qu'il en soit, cette contrefaçon est remarquable, soupira Jean. Lambert a même pensé à faire figurer les initiales de Papa.

Sans mot dire, Clara se dirigea vers le coffre de la chambre des parents où Arnaud conservait des plans importants. En fouillant, elle en trouva un de la cathédrale de Reims, le rapporta dans la cuisine et le déroula à côté de l'autre. Pendant quelques minutes, elle examina les deux parchemins. Soudain, elle claqua des doigts.

– Ça y est! Je la tiens! s'exclama-t-elle folle de joie. J'ai la preuve que ce plan est un faux!

Qu'a vu Clara?

Nord

A.M.

A.M.

Nord

Claire-voie

8
Des pas dans l'obscurité

Arnaud fut libéré de prison le jour-même. Mais ce n'était pas tout. Après avoir reconnu son innocence, le bourgmestre de Cologne le réintégra dans ses fonctions de maître d'œuvre de la cathédrale. En quittant le cachot, Arnaud se jeta dans les bras de sa femme et de ses enfants.

– Que ferais-je sans vous? demanda-t-il.

– Tu serais mis au pain sec et à l'eau en attendant ton procès, répondit Clara.

– Probablement, acquiesça Arnaud en esquissant un sourire. À propos de pain et d'eau, je meurs de faim.

– Qu'à cela ne tienne! Rentrons à la maison, proposa Ysé.

Sur le chemin du retour, Arnaud souhaita faire un détour par la cathédrale pour vérifier que tout était en ordre. Bien que la journée de travail fût terminée, de nombreux ouvriers s'affairaient encore. Brice fut le premier à accueillir Arnaud et sa famille.

– Maître Arnaud! s'exclama-t-il joyeusement. Quel

plaisir de vous voir! La rumeur court que vous êtes de nouveau un homme libre!

Tous le saluèrent chaleureusement. Bernard et Martin redoublèrent d'amabilité.

– On traque Lambert à travers la ville, raconta Bernard. Pour l'instant, les recherches n'ont pas abouti. Mais on finira par l'attraper, maître Arnaud!

– Vois comme ils sont redevenus charmants! Quels hypocrites! dit Jean à part.

– Et comment! répondit Clara. Mais Papa a récupéré son travail : c'est ce qui compte!

Plus tard, alors qu'ils étaient installés dans le salon, Jean prit un air pensif.

– Si tout le monde sait que Papa a été libéré, on peut imaginer que Lambert est au courant lui aussi, fit-il remarquer.

– Que veux-tu dire par là?

– J'ai bien peur que Lambert ne frappe à nouveau, expliqua Jean. Il n'a pas réussi à t'anéantir, Papa. Il va donc recommencer. Qui sait ce qu'il manigance.

– Je n'avais pas envisagé les choses sous cet angle-là, reconnut Arnaud en posant son verre de vin sur la table.

– Je pense que Jean a raison, renchérit Clara. Il commettra bientôt un autre crime.

– Le conseil de la Cité doit s'arranger pour faire surveiller la cathédrale! poursuivit Ysé.

– Non! protesta Arnaud, les yeux étincelants. Cela relève de ma responsabilité. J'attraperai Lambert moi-même. Mais au lieu de parcourir la ville dans tous les sens, je l'attendrai là où il aime errer la nuit : dans la cathédrale! Et je le prendrai sur le fait.

– Tu ne parles pas sérieusement? s'écria Ysé. Tu ne vas pas aller dormir dans la cathédrale?

– Je n'ai pas dit que j'allais y dormir. Je vais plutôt y monter la garde.

– Je serai à tes côtés! lança Jean, enthousiaste.

– Moi aussi! s'exclama Clara.

Ysé secoua énergiquement la tête.

– Il n'en est pas question!

– Ta mère a raison, Clara, ajouta Arnaud. Il est préférable que tu restes à la maison. Toi, Jean, tu peux m'accompagner.

Clara était furieuse. Elle avait contribué autant que Jean à trouver l'identité du coupable. Ce n'était pas juste. Elle devait aller dormir, alors que Jean avait le droit d'accompagner son père sous prétexte qu'il était un garçon.

Quand sa mère l'envoya au lit, elle ne pensa pas une seconde à fermer les yeux : elle prêta l'oreille au moindre bruit.

À près de minuit, elle entendit sa mère aller se coucher puis la porte d'entrée s'ouvrir et se refermer. Jean et Arnaud venaient de quitter la maison! Clara se pressa d'enfiler sa robe, son manteau, ses chaussures et elle se glissa dehors.

Il faisait froid. À quelques mètres devant elle, Clara vit deux silhouettes se diriger à pas rapides vers la cathédrale. Ce devait être Arnaud et Jean! Elle entreprit de les suivre. Peu après, Arnaud ouvrit la porte donnant sur le bas-côté de la cathédrale et pénétra dans l'édifice, suivi de Jean. Au bout de quelques minutes, Clara se glissa elle aussi par la porte. Le cœur battant, elle prit appui sur la pierre froide d'une colonne. Où étaient passés Arnaud et Jean? Dans l'église, il faisait nuit noire. Et si Lambert la surprenait? Elle regretta soudain d'avoir quitté son lit.

Tout à coup, une main se posa sur son épaule. La fillette retint un cri.

– Psitt! fit Jean.

– Comment peux-tu me faire une peur pareille! chuchota Clara, furieuse.

– Comment oses-tu nous suivre? dit Arnaud, courroucé. Rentre à la maison immédiatement!

– Toute seule? J'ai bien trop peur, dit Clara.

– Quelle guigne! grommela Arnaud. Nous ne pouvons pas t'accompagner. Lambert risque de surgir d'une minute à l'autre. Tant pis! Reste avec nous.

Clara afficha un large sourire.

– Merci, Papa.

– Suivez-moi, dit Arnaud. Mais, ne faites aucun bruit, c'est compris?

Il guida les enfants les yeux fermés à travers la nef. Puis ils traversèrent la croisée du transept en construction et arrivèrent dans le déambulatoire et ses nombreuses chapelles.

– Grimpons là-haut, chuchota Arnaud en se dirigeant vers un échafaudage. Nous accéderons au *triforium* d'où nous aurons une meilleure vue.

«Une meilleure vue?», pensa Clara, sceptique. Bien que ses yeux se soient peu à peu accoutumés à l'obscurité, elle ne voyait pas grand-chose.

Quand ils atteignirent la galerie du *triforium*, Arnaud s'accroupit et demanda aux enfants de l'imiter.

– Que feras-tu si Lambert surgit? chuchota Jean.

– Nous le prendrons d'assaut, répondit son père le plus naturellement du monde. J'attends ce moment avec impatience!

– Et s'il ne se laisse pas faire?

Arnaud montra sa ceinture où pendait son escoude.

– Lambert aura affaire à moi. Et puis tu es avec moi, fiston.

– Bien sûr, dit Jean, pas très rassuré.

Il ouvrait grand les yeux dans l'obscurité. Là, devant lui, ce devait être la croisée du transept qu'ils venaient de traverser. Mais il ne reconnaissait rien. Lambert pourrait facilement se glisser jusqu'à eux à leur insu. Jean fit part de sa crainte à son père. Arnaud rit doucement.

– Tu as raison. Nous ne voyons pas grand-chose. Mais de là où nous sommes, nous entendrons Lambert arriver. La nuit, le moindre pas est perceptible dans la cathédrale. Fiez-vous à vos oreilles, les enfants.

Jean acquiesça pendant que sa sœur ajustait son manteau sur ses épaules. Le froid transperçait son vêtement. La fillette ferma les yeux et prêta l'oreille. Le silence régnait. Une heure s'écoula qui lui sembla être une éternité.

Soudain, elle entendit un bruissement. Qu'était-ce donc? Elle rouvrit les yeux. À ses pieds, quelque chose passa furtivement. Clara se mordit les lèvres pour s'empêcher de crier!

– Ce n'est qu'un rat, se moqua son frère. Aurais-tu peur d'un rat?

– Bien sûr que non, répondit Clara sèchement.

– Du calme! s'exclama Arnaud.

Il se coucha sur le ventre et montra la nef en bas. Clara avait beau ouvrir grand les yeux – ils lui brûlaient à force –, elle ne voyait rien. L'espace d'un instant, elle crut apercevoir une ombre qui prenait appui sur la chaire. Mais celle-ci s'évanouit, comme avalée par la nuit. S'était-elle trompée?

«Ouvre grand tes oreilles», se répétait-elle. Oui, maintenant, elle en était sûre : elle entendait des pas! Juste au-dessous d'elle. Son père les avait perçus lui aussi. Il se releva lentement et mit la main sur son escoude.

Soudain, ils virent une faible lueur. «Lambert aurait-il une lanterne avec lui?», se demanda Clara. Mais elle sentit une odeur bien reconnaissable et céda à la panique : c'était l'odeur du feu!

– L'homme veut mettre le feu à la cathédrale! s'écria Arnaud, épouvanté.

Dévalant l'escalier du *triforium*, les enfants sur les talons, il localisa rapidement l'incendie : dans la partie sud-ouest du chœur, la planche inférieure d'un échafaudage avait pris feu.

Sur le mur, à côté, on distinguait une empreinte de main sanglante et le mot «Satan».

– Dépêchons-nous, il faut empêcher l'incendie de s'étendre, hurla Arnaud. Clara, va chercher du renfort. Et toi, Jean, viens m'aider!

Le maître d'œuvre ôta sa veste avec laquelle il frappa sur les flammes pour tenter de les étouffer. Une épaisse fumée l'enveloppait.

– Attention, Papa! cria Jean.

Oubliant toute prudence, il suivit l'exemple de son père pendant que Clara courait chercher de l'aide. Le combat contre le feu s'éternisait. Arnaud et Jean avaient le souffle coupé par la chaleur et la fumée. Mais ils frappaient inlassablement sur les flammes.

– Nous n'y arriverons pas seuls! dit Arnaud, hors d'haleine.

Son visage perlait de sueur et ses cheveux étaient roussis.

– Pourvu que Clara nous ramène du renfort!

Soudain, un groupe d'hommes surgit dans la cathédrale, Clara en tête. Parmi eux se trouvaient Brice, Bernard et Grégoire.

Aussitôt, les hommes formèrent une chaîne, portant des seaux d'eau pour éteindre l'incendie.

Complètement épuisés, Arnaud et Jean firent une pause, sans perdre des yeux la chaîne humaine. Bientôt, le feu fut maîtrisé.

– Nous l'avons échappé belle! s'exclama Arnaud, soulagé. Le plan de Lambert a échoué. Dommage que nous n'ayons pas attrapé cette crapule!

Jean ne répondit pas. Il semblait avoir l'esprit ailleurs, regardant fixement l'intérieur de l'église.

– Que t'arrive-t-il? Aurais-tu vu un fantôme? demanda Arnaud.

– Non, ce n'est pas un fantôme, répondit le garçon. Je pense avoir vu Lambert!

Qu'a vu
Jean ?

9
La main droite du diable

À son tour, Arnaud aperçut une ombre sur le *triforium*.

– Attrapons-le! hurla-t-il. Il ne doit pas nous échapper!

En guise de réponse, un rire strident retentit. L'ombre bougea puis disparut entre deux colonnes. Arnaud et Jean grimpèrent l'escalier. Clara voulut les suivre, mais elle se ravisa.

– Viens! dit-elle à Brice. Nous allons couper la route à Lambert!

Brice posa le seau plein d'eau et s'épongea le front.

– Qui c'est, Lambert?

– Peu importe, je n'ai pas le temps de t'expliquer, répondit la fillette. Allons-y, c'est plus urgent!

Arnaud et Jean étaient arrivés en haut de l'escalier. L'homme se tenait à trente mètres d'eux, non loin du déambulatoire.

– Lambert, je sais que tu es là! hurla Arnaud.

Le rire strident retentit à nouveau. Jean sentit son sang se glacer.

– Il est fou, se dit le garçon.

Lambert ne devait plus avoir toute sa tête!

– Reste où tu es, Lambert! ordonna le maître d'œuvre. Rends-toi! Tu n'as aucune chance de t'en sortir!

L'ombre disparut soudainement. Arnaud et son fils prirent l'homme en chasse. Tout à coup, une fenêtre attira l'attention de Jean. En se penchant sur le rebord, il vit une échelle adossée au mur extérieur. Avec l'agilité d'un écureuil, l'homme était en train de la dévaler. Arnaud attrapa l'extrémité de l'échelle et la poussa un peu.

– Si tu ne remontes pas, je fais basculer l'échelle! lança-t-il au fuyard.

Mais celui-ci poursuivait sa descente.

– Je ne plaisante pas! gronda Arnaud en faisant vaciller l'échelle, qui était presque à la verticale.

Prenant conscience du danger, l'homme hésita, leva les yeux et sauta.

– Incroyable ! s'exclama Arnaud. Notre homme est suicidaire ! Viens, Jean, nous devons descendre. Vite !

Le maître d'œuvre dévala l'échelle.

– Prenez votre temps, lança une voix en bas.

En baissant les yeux, Jean et Arnaud aperçurent un colosse. À côté de lui, une fillette tenait une torche.

– Brice ? Clara ? C'est vous ? demanda Arnaud, décontenancé.

– Oui, nous nous sommes permis de cueillir votre homme, maître Arnaud, lança Brice dans un grand rire.

Quand Arnaud et Jean arrivèrent en bas, Brice était en train de ligoter l'homme avec une corde.

– Le gaillard m'est tombé dans les bras, expliqua-t-il. Comme il voulait s'enfuir, je lui ai flanqué un coup. Et maintenant, il est joliment ligoté. C'était l'idée de Clara. Cette petite est intelligente, il faut le reconnaître.

Clara était radieuse.

– Joli travail! s'exclama le maître d'œuvre. À nous deux, dit-il en se tournant vers le prisonnier.

Il lui ôta son capuchon et dévoila un visage étroit au nez pointu. La ressemblance avec Arnaud était frappante.

– C'est donc bien toi, Lambert, dit le maître d'œuvre tristement.

«Jusqu'au bout Papa a dû espérer que ce n'était pas son frère», pensa Jean.

– Pourquoi? demanda Arnaud, d'une voix blanche. Pourquoi as-tu agi ainsi?

Le visage de Lambert se durcit.

– Je voulais t'anéantir, souffla-t-il. Quand je suis arrivé à Cologne il y a deux semaines, en haillons et sans le sou, j'avais l'intention de te demander du travail. À toi, le grand maître d'œuvre. Ha, ha!

Jean serra les poings.

– Tu n'es qu'un homme envieux!

– Qu'en sais-tu? s'écria Lambert. Autrefois, à Reims, on nous a chassés du chantier comme des voleurs après notre querelle. Mais le sieur Arnaud a pu rester et faire carrière, lui! Moi, je me suis retrouvé sur le carreau.

– Ce n'était pas ma faute! protesta Arnaud. Et puis tu aurais pu trouver du travail ailleurs.

– Oui, mais la cathédrale de Reims était la plus belle et la plus grandiose à des lieues à la ronde. Tu as découvert ses secrets. Des secrets qui t'ont servi pour la construction de cette cathédrale!

Lambert fixait le sol.

– Et que me restait-il? Je n'étais plus embauché que sur les chantiers de ridicules églises de village!

Agacé, Arnaud secoua la tête :

– C'est absurde! Tu as surtout échoué par paresse et parce que tu manques cruellement d'ambition. C'est tout! Pourquoi n'es-tu pas venu me demander du travail quand tu es arrivé à Cologne?

– Je m'apprêtais à le faire. Avec la faim qui me tenaillait, j'avais mis ma fierté dans ma poche. Je voulais te demander de l'aide, à toi, mon pire ennemi.

C'était un dimanche et personne ne travaillait sur le chantier. J'ai fini par savoir où se trouvait ta maison. Mais les choses ont pris une tournure différente quand je t'ai aperçu par hasard avec ta famille aux portes de la ville.

Lambert éclata d'un rire lugubre avant de poursuivre :

– Quelle vision, j'ai eue! Le maître d'œuvre élégamment vêtu avec ses enfants tirés à quatre épingles. Et puis sa femme...

– Tu es tombé amoureux de Maman! l'interrompit Clara. Nous avons trouvé ton poème.

Les yeux de Lambert brillèrent d'un éclat étrange.

– Ysé, quelle femme! Je n'ai jamais vu un visage aussi beau. J'étais comme envoûté. Elle ne m'a pas jeté un seul regard, à moi, le pauvre tailleur de pierre déguenillé.

– Et tu as décidé d'éliminer Papa, poursuivit Jean.

– Exactement, acquiesça Lambert. Je voulais lui voler sa femme et son métier de maître d'œuvre. Je suis au moins aussi doué qu'Arnaud. J'ai échafaudé un plan brillant. J'ai voulu faire en sorte que mon frère soit accusé de complicité avec Satan et considéré comme la main droite du diable. Il aurait ainsi perdu son métier et sa renommée. Sa famille se serait retrouvée sans moyens et Ysé m'aurait ouvert les bras.

– Jamais Maman n'aurait trompé Papa! s'écria Clara.

– Tu n'en sais rien, répondit Lambert sèchement.

– Tu ne connais rien aux femmes! protesta Clara.

– Comment ça? Elle est insolente, cette petite! s'étonna Lambert. Quoi qu'il en soit, j'ai logé dans la maison délabrée près de la cathédrale. La nuit, j'écrivais des poèmes à Ysé, mais ils étaient si mauvais que je les déchirais. Puis j'ai volé au contremaître la clé de la baraque de chantier et je l'ai fait refaire. Il m'a alors été facile de dérober plusieurs objets utiles, comme le compas et la veste. Je les ai volontairement laissé traîner sur le lieu des accidents afin que les soupçons se portent sur Arnaud. Croyez-moi, je me suis amusé comme un fou!

– Tu as joué à un jeu diabolique, déclara Arnaud avec mépris.

– Mais tu t'en es tiré à chaque fois, poursuivit Lambert. J'ai donc recommencé. Quand on a retrouvé le plan près de la châsse des Rois mages, je ne comprends pas pourquoi on t'a libéré.

Fière d'elle, Clara rapporta comment elle était parvenue à prouver que ce plan était un faux.

– Même dans la contrefaçon, tu n'y connais rien, asséna-t-elle.

– Cette petite a une sacrée dose d'insolence! grommela Lambert.

– Assez parlé, conclut Arnaud. Il y en a certains ici qui aimeraient faire la connaissance de mon frère.

Dans la cathédrale, après avoir étouffé les dernières flammes, les hommes se reposaient enfin. Ils virent alors arriver le petit groupe guidé par Arnaud. Le maître d'œuvre présenta le prisonnier.

– Ton frère est responsable de tout ça? demanda Bernard, interloqué.

– Oui, et nous l'avons attrapé! s'exclamèrent Clara et Jean.

Grégoire, le vicaire, avait quelques doutes.

– A-t-il fait des aveux? J'aimerais les entendre de sa bouche. Y a-t-il des preuves de sa culpabilité? demanda-t-il.

Jean et Clara échangèrent un regard complice.

– Il y a une preuve accablante, répondirent les enfants, avec audace.

– Que complotez-vous encore? demanda Arnaud.

– Libère Lambert de ses liens, demanda Clara.

D'abord hésitant, Arnaud obtempéra. Les enfants menèrent Lambert jusqu'au mur où figurait l'empreinte de main sanglante.

– Pose ta main dessus! ordonnèrent-ils.

Comme Lambert ne bougeait pas, Brice s'approcha de lui, l'air menaçant.

Contre son gré, Lambert posa sa main droite sur l'empreinte. Il n'y avait plus le moindre doute.

– C'est bien lui! s'écria Grégoire. C'est la main droite du diable!

Il se tourna vers Arnaud :

– Pardonne-moi de t'avoir incriminé, maître Arnaud.

Le maître d'œuvre accepta ses excuses avec condescendance. Il était heureux du dénouement de cette nuit éprouvante. Mais il était surtout fier de ses enfants auxquels il devait la liberté. En souriant, il leur caressa affectueusement la tête.

Solutions

1 Les pierres sanglantes (p. 18)

Clara a découvert une trace de pas qui va de la flaque de sang au bas de l'échafaudage.

2 Des empreintes révélatrices (p. 27)

Pour suivre les traces de pas sanglantes, il faut passer par une ouverture faite dans le mur. Mais cette ouverture est trop étroite pour que le corpulent Brice ait pu passer.

3 La maison délabrée (p. 38)

En reconstituant le parchemin, on peut lire : Pour Ysé, Tu es le soleil de mes jours. Je veux être ton grand amour.

4 La clé mystérieuse (p. 50)

L'une des clés de la maison délabrée est la même que l'une des clés d'Arnaud.

5 Soupçons (p. 60)

Le forgeron dit qu'il ne sait pas s'il a vu son voisin la nuit précédente. Mais personne ne lui a parlé de cette nuit-là.

6 Un jugement sévère (p. 70)

Seul Lambert peut être en cause. Contrairement à Roland, il sait écrire. Et le coupable écrit le mot «Satan» dans la cathédrale.

7 Profanation des Rois mages (p. 83)

On voit au mot «Nord» qu'il s'agit d'une écriture différente.

8 Des pas dans l'obscurité (p. 96)

Jean a vu une ombre humaine sur le *triforium*.

Glossaire

Absidioles : petites chapelles dans une cathédrale.

Arcade : ouverture faite d'un arc sur des piliers ou des colonnes. On peut avoir une succession d'arcades au rez-de-chaussée d'une cathédrale.

Art gothique : style architectural d'origine française qui s'est développé à partir de la seconde partie du Moyen Âge en Europe occidentale (du milieu du XIIe siècle à la fin du XVe siècle).

Billot : bloc de bois.

Bourgmestre : équivalent du maire.

Chaire : pupitre surélevé où se tient le prêtre.

Châsse des Rois mages : l'un des reliquaires médiévaux les plus somptueux et les plus importants. Cette châsse a été réalisée entre 1190 et 1220 par l'atelier de l'orfèvre Nicolas de Verdun pour abriter les reliques des Rois mages rapportées de Milan à Cologne en 1164.

Chœur : espace surélevé d'une église où se trouve le maître-autel et où se tiennent les ecclésiastiques.

Claire-voie : rangée supérieure de fenêtres de la nef d'une église gothique située au-dessus du *triforium*.

Conseil de la Cité : conseil qui réunissait des nobles et qui opposait un contrepouvoir à l'archevêque.

Croisée du transept : point de rencontre de la nef d'une église et du transept.

Déambulatoire : galerie située derrière le chœur qui donne sur des petites chapelles, les absidioles.

Entretoise : pièce de bois utilisée pour relier des poutres.

Escoude : outil de tailleur de pierre utilisé pour extraire des blocs de pierre.

Initiales : premières lettres d'un nom.

Nef : salle oblongue de l'église où prennent place les fidèles.

Parchemin : c'est de la peau d'animal, généralement de mouton ou de chèvre, qui était apprêtée spécialement pour servir de support à l'écriture au Moyen Âge.

Pèlerins : fidèles qui font un pèlerinage vers un lieu sacré.

Reliquaire : mobilier réalisé pour abriter des reliques.

Reliques : ce qui reste du corps d'un saint, d'un personnage sacré, ou objets leur ayant appartenu, et qui font l'objet d'un culte.

Sacristie : annexe d'une église où les prêtres se préparent pour célébrer la messe.

Transept : nef transversale qui coupe à angle droit la nef principale d'une église lui donnant ainsi la forme symbolique d'une croix latine.

Triforium : étage intermédiaire d'une cathédrale.

Chronologie

1163
Début de la construction de la cathédrale Notre-Dame de Paris.

1177
Consécration du chœur de Notre-Dame.

1196
Consécration du transept et de la nef de Notre-Dame.

1248
Début de la construction de la cathédrale de Cologne.

1260
Arnaud est nommé maître d'œuvre de la cathédrale de Cologne.

1262
L'archevêque Engelbert II von Falkenburg est chassé de Cologne. Recul du pouvoir de l'archevêché.

1265
Première messe dans les absidioles de la cathédrale de Cologne.

1277
Consécration de la sacristie de la cathédrale de Cologne.

1275-1297
Siegfried von Westerburg est nommé archevêque de Cologne.

1288
Les citoyens de Cologne battent les troupes de l'archevêque Siegfried von Westerburg dans une commune près de Cologne et prennent d'assaut l'archevêché. L'archevêque est contraint de rendre sa liberté à la ville. Il sera libéré en 1289.

1300
Jean, fils d'Arnaud, est nommé maître d'œuvre de la cathédrale de Cologne. Achèvement de la claire-voie du chœur. Début de la construction de la tour sud.

1322
Consécration de la cathédrale de Cologne.

1345
Achèvement de Notre-Dame de Paris.

Cathédrales
et corporations médiévales

La cathédrale de Cologne, un chantier de plus de 600 ans

Les reliques des Rois mages, qui furent rapportées de Milan à Cologne en 1164, jouèrent un rôle important dans la construction de la cathédrale de Cologne. Elles furent d'abord exposées dans l'ancienne cathédrale. Mais les pèlerins affluaient en si grand nombre que l'on décida de construire une église plus monumentale. L'édifice susceptible d'accueillir la châsse des Rois mages devait se distinguer des autres églises de la ville.

En 1248, l'archevêque Konrad von Hochstaden posa la première pierre de l'actuelle cathédrale. Celle-ci devait être érigée sur le modèle des cathédrales françaises.

Pendant les trois siècles suivants, Cologne connut un essor économique important, car le chantier de la cathédrale attirait une foule d'artisans et d'ouvriers. C'est à cette époque que furent créées les corporations.

La sacristie fut achevée en 1277 et le chœur en 1322. Puis les travaux avancèrent plus lentement par manque d'argent. En 1560, la construction fut provisoirement interrompue. Et, pendant près de trois cents ans, il ne se passa plus rien. Mais la cathédrale comportait déjà une toiture.

En 1842, après avoir retrouvé les plans des façades datant du XIIIe siècle, les travaux reprirent. Il fallait achever cette cathédrale, désormais considérée comme un symbole national. Frédéric-Guillaume IV de Prusse posa la première pierre. L'achèvement de l'édifice fut célébré en 1880 en présence du roi Guillaume Ier.

En 1945, à la fin de la Seconde Guerre mondiale, quatorze bombes l'endommagèrent lourdement. La moitié des voûtes s'écroulèrent et la tour nord menaça de s'effondrer. Neuf années furent nécessaires aux restaurations.

Quelques chiffres

La cathédrale mesure 144 m de long et 86 m de large. Les tours nord et sud s'élèvent à 157 m de hauteur. La cathédrale s'étend sur une surface totale de 7 914 m^2, ce qui correspond à la taille d'un terrain de football! Elle compte 1 000 m^2 de vitraux et

12 000 m² de toiture, soit l'équivalent de deux terrains de football!

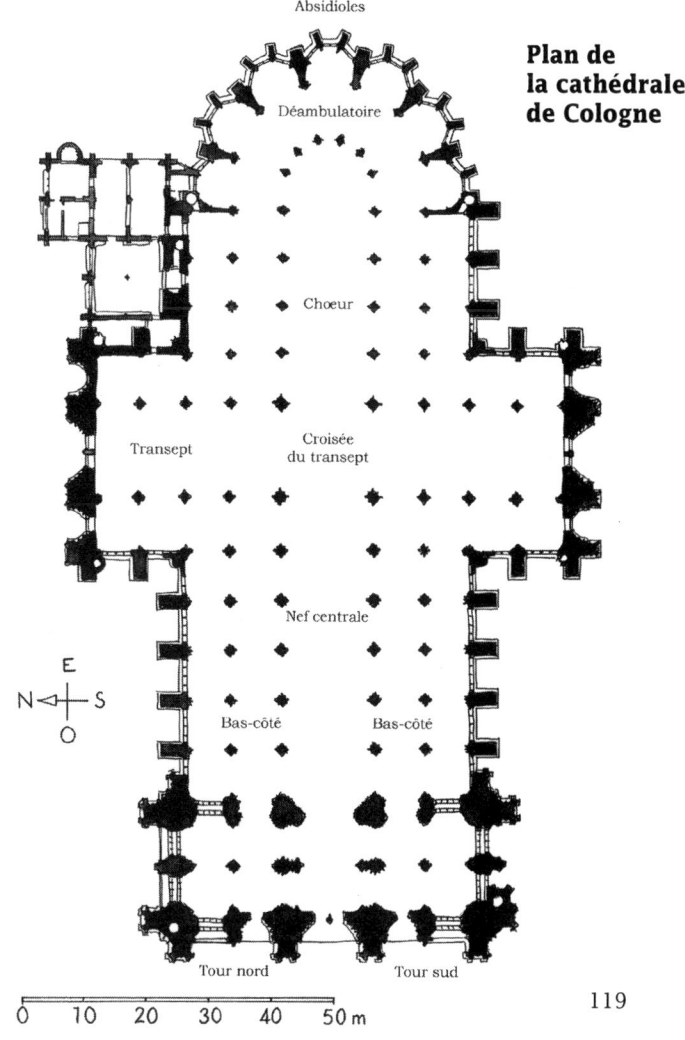

Absidioles

Déambulatoire

Plan de la cathédrale de Cologne

Chœur

Transept

Croisée du transept

Nef centrale

Bas-côté   Bas-côté

N — E / S / O

Tour nord   Tour sud

0   10   20   30   40   50 m

Notre-Dame de Paris

Située sur l'île de la Cité, la cathédrale Notre-Dame de Paris, dédiée à la Vierge Marie, est l'un des plus beaux chefs-d'œuvre de l'architecture gothique en France. Comme la plupart des cathédrales françaises, elle présente un plan en forme de croix latine.

Sa construction commence en 1163 sous l'impulsion de l'évêque Maurice de Sully. Le chœur est terminé en 1177, le transept et la nef vers 1196. Mais il faut attendre 1345, soit 150 ans, pour que la cathédrale soit achevée. Elle est alors l'une des plus grandes d'Occident.

Au Moyen Âge, ses murs et ses sculptures sont recouverts de peintures vives dont les couleurs s'estompent au fil du temps pour laisser la place à une teinte grisâtre. Au XIXe siècle, l'édifice, très endommagé pendant la Révolution de 1789, est largement restauré par l'architecte Viollet-le-Duc. Aujourd'hui, un nettoyage au laser lui donne sa couleur blanche.

Quelques chiffres

Le monument mesure 130 m de long et 48 m de large. Ses tours, qui s'élèvent à 69 m de hauteur, offrent une vue imprenable sur Paris. La tour sud abrite le bourdon «Emmanuel» qui pèse plus de treize tonnes. Cette cloche, la plus ancienne de Notre-Dame, date de 1680. On raconte que, lors de sa refonte, des femmes y jetèrent leurs bijoux pour lui donner ce timbre si particulier.

L'intérieur de la cathédrale se compose de la nef, très large, bordée par quatorze chapelles latérales (sept de chaque côté), du transept et d'un chœur entouré par un double déambulatoire bordé par neuf chapelles rayonnantes. La superbe façade est ornée de trois portails (le portail du Jugement dernier, le portail de la Vierge et le portail Sainte-Anne). Au-dessus, on trouve la galerie des Rois composée de 28 statues représentant les rois de Juda et d'Israël.

Les trois rosaces de Notre-Dame de Paris sont de véritables joyaux. Les deux plus grandes mesurent 13 m de diamètre. Commandée par le roi Saint Louis, la rosace nord date de 1270. En son centre, la Vierge Marie et l'Enfant Jésus sont entourés par 80 médaillons représentant les prophètes, les rois et les grands prêtres.

Placées à l'extrémité des gouttières pour évacuer l'eau de pluie de la toiture sans abîmer les murs et décorations de la cathédrale, les gargouilles sont des sculptures étonnantes qui représentent des créatures fantastiques parfois effrayantes. Celles qui sont situées entre les deux tours ou sur la façade ne font pas office de gouttière, ce sont de simples ornementations. Sorties de l'imagination de l'architecte Viollet-le-Duc au XIXe siècle, elles portent le nom de chimères.

Acquise en 1238 par le roi Saint Louis, la Sainte Couronne d'épines, que le Christ aurait porté pendant sa Passion, est la relique la plus précieuse et la plus vénérée que Notre-Dame abrite dans son Trésor. Sur le parvis, devant la cathédrale, une dalle de bronze scellée dans le sol indique le kilomètre zéro : c'est à partir de ce point que l'on calcule les distances séparant Paris des autres villes de France.

Les corporations

Les artisans médiévaux étaient réunis en corporations. Le système des corporations existait dans les villes depuis le XIIe siècle. Ceux qui ne possédaient pas d'atelier, comme les artistes et les mendiants, avaient aussi la leur.

Le règlement des corporations était validé par le conseil de la Cité. Leurs membres étaient ainsi à l'abri de la concurrence. La corporation réglementait les salaires et contrôlait la qualité du travail effectué. Elle aidait financièrement ses membres les plus démunis et leurs familles.

Avec le temps, les corporations devinrent plus puissantes et politiquement influentes. Pour valoriser leur pouvoir, elles édifièrent de somptueuses maisons de corporation. Chacune avait ses propres armoiries et son saint patron. Le compas était notamment le symbole des tailleurs de pierre.

Les corporations étaient contraintes de fournir aux citoyens des marchandises de qualité à un prix raisonnable. Elles ne devaient pas abuser de leur pouvoir en nuisant à la qualité de leurs marchandises et en augmentant les prix. En outre, elles réglementaient les activités de leurs membres jusque dans les moindres détails. Les maîtres ne devaient pas faire plus d'heures de travail que leurs collègues. Ils n'avaient pas le droit d'embaucher plus d'apprentis que la réglementation le leur permettait ou de gonfler le salaire des compagnons. Il leur était également interdit de vanter leurs marchandises.

La corporation intervenait aussi dans la vie privée de ses membres. Lors des baptêmes, des mariages ou des enterrements, ceux-ci devaient inviter tous les maîtres et leurs familles.

Seuls les maîtres étaient des membres à part entière de la corporation. Ce n'était pas le cas des apprentis et des compagnons. Un maître était élu à la tête de chaque corporation.

Les apprentis et les compagnons

Les apprentis suivaient une formation de deux à quatre ans et vivaient, comme les compagnons, dans la famille du maître. Ils n'avaient pas le droit de se marier, de jouer, de danser ou de boire de l'alcool. S'ils enfreignaient l'une de ces règles, ils devaient payer une amende dont l'argent était conservé avec les recettes de la corporation. Les fonds servaient à l'édification d'hôpitaux ou de chapelles.

Si un apprenti décidait d'interrompre sa formation, il était redevable au maître de tous les frais occasionnés pour lui.

Cette phase d'apprentissage s'achevait par la réalisation d'un ouvrage validé par le maître. Devant une assemblée, le maître donnait sa bénédiction à l'apprenti. Le jeune compagnon partait alors plusieurs années de son côté. Il voyageait souvent à l'étranger pour parfaire ses compétences.

L'objectif du compagnon était de devenir maître. Mais comme les corporations avaient un nombre limité de maîtres, le compagnon devait souvent épouser la fille d'un maître pour pouvoir évoluer. La plupart restaient compagnons toute leur vie.

Leur existence était ardue : ils travaillaient généralement de douze à seize heures par jour. Leur salaire était si bas qu'il était à peine suffisant pour vivre. À terme, les compagnons se rassemblèrent en confréries pour lutter contre l'exploitation des maîtres. Ces confréries leur permettaient de faire grève et d'obtenir ainsi de meilleures conditions de travail et des salaires plus élevés. À Lyon, pendant la seconde moitié du XVIe siècle, les confréries étaient si bien organisées qu'elles parvinrent à fixer elles-mêmes les salaires des compagnons.

Table des matières

PAPIER À BASE DE
FIBRES CERTIFIÉES

Hatier s'engage pour
l'environnement en réduisant
l'empreinte carbone de ses livres.
Celle de cet exemplaire est de :
700 g éq. CO$_2$
Rendez-vous sur
www.hatier-durable.fr

 Achevé d'imprimer par Grafica Veneta SpA - Italie
dépôt légal n° 02785-5/01 - Mai 2017